阿依沙乌列·阿布德玛勒克　江玲　译

追溯战略理论的起源

To Sources of the Theory of Strategy

[俄] 弗拉基米尔·昆特　著
Vladimir Kvint

上海大学出版社
SHANGHAI UNIVERSITY PRESS

作　者

弗拉基米尔·昆特（Vladimir Kvint），杰出的经济学家、战略规划理论家和实践家、经济学博士，现任莫斯科国立大学经济学院教授、俄罗斯科学院外籍院士、俄罗斯联邦高等教育荣誉工作者。担任战略与管理系统教授，曾在福特汉姆大学、纽约大学、美利坚大学、拉萨尔大学、巴布森学院、维也纳经济大学等世界一流大学任教超过25年。2006年至今任莫斯科国立大学莫斯科经济学院金融战略系主任和复杂系统数学研究所战略研究中心主任。2013年至今任俄罗斯联邦总统领导下的俄罗斯国民经济和公共行政学院西北管理学院领土发展和生活质量战略部系主任以及布雷顿森林委员会和世界艺术与科学学院成员。

译　者

阿依沙乌列·阿布德玛勒克，新疆维吾尔自治区伊宁市人，俄罗斯莫斯科罗蒙诺索夫国立大学、莫斯科经济学院经济与金融战略系博士生。

江玲，新疆维吾尔自治区塔城市人，俄罗斯莫斯科罗蒙诺索夫国立大学、莫斯科经济学院一般经济理论系博士生。

序[*]

三千年以来，军事领袖和政治家在其胜利决策中使用了强大的战略思想，但他们并不了解战略科学的规则，这主要是由于对战略领域的研究较晚。直到19世纪初，"战略"一词本身才开始经过分析证实了具体特征。尽管在20世纪，战略思想进入商业领域并最终开始形成一个新的研究领域，但"战略"作为一门科学仍然只是迈出了第一步。科学家对战略实战者感激不尽。

深入研究战略的发展及其哲学具有重要的理论和实践意义。然而，战略理论和规则的重要性仍然被大公司、政府和部门当局的许多领导人低估、误解或未被充分利用。即使是在现实和神话中为个人制定成功的人生道路，也需要培养战略思维，掌握情景构建规则和战略实施技巧。人类在各个领域的巨大失败可能与过度关注战术、操作或常规决策有关，而不是专注于制定战略优先事项和选择通往长期成功的方向。

---

[*] 此文为弗拉基米尔·昆特院士为2017年俄文版本所作的序。

    我对战略理论的哲学基础和历史根源的研究已有45年之久，因此我可以说，拜占庭帝国皇帝莫里斯一世（539—602年）是最早使用"战略"一词的人物之一（尽管不是第一个），他将一些长期（但不仅限于）决策系统化定义为"战略性"。在他之前，也有一些主要领导人和理论家使用过类似的术语，如罗马政治家、学者弗朗提努（40—103年）提出了"strategemata"（战略）一词。然而，他们都没有展开性地使用"战略"一词，也没有发展出战略规划的规则和总体框架。一千多年以后，19世纪初，有两位军事家几乎同时开始为发动战争和组织战斗的长期制胜方案奠定理论基础，并将这种方案称为"战略"。这两位军事家是安托万-亨利·若米尼（Antoine-Henri Jomini，1779—1869年，简称"若米尼"）和卡尔·菲利普·戈特弗里德·冯·克劳塞维茨（Carl Philipp Gottlieb von Clausewitz，1780—1831年，简称"克劳塞维茨"）。后者的作品已多次出版，广大读者甚至非专业战略爱好者都能读到，但遗憾的是，若米尼的名字仍然鲜为人知。他们的命运在许多方面都很相似，两人的军事生涯都始于国外，几乎同时都在亚历山大一世统治下的俄罗斯帝国服役。虽然克劳塞维茨在俄罗斯只工作了约两年，而若米尼在俄罗斯工作了约三十年，但都留下了杰出的分析著作，可以确信这些著作是军事战略理论的主要基础。

按时间顺序排列，第一位是若米尼，他早在1801年就撰文分析军事战略，探寻军事行动的一般规则和程序。后来，两人都对各种军事战役进行了多次分析，但若米尼的著作不是专门分析具体战争和战役，也不是研究个别指挥官的生活和活动，而是直接论述重大长期战略决策及其实施的理论和规则。事实上，第一部此类开创性著作是若米尼的《兵法通则》。这本独一无二的著作证实了战略理论，其第一版于1806年在波兹南写成，1817年在俄罗斯帝国的圣彼得堡出版了新的增补版和译本，并在第二页上注明："由最高统帅部印刷。"这并非偶然：我在一些资料中发现，1817年，若米尼曾向亚历山大一世宣读过这本书的手稿"直到深夜"。遗憾的是，与若米尼本人之前和之后的作品以及克劳塞维茨的著作不同，这本出版物几乎一直被遗忘，从未再版，直到读者手中的2017年的俄文版本。

遗憾的是，在俄罗斯，据我所知，没有一项研究试图断言战略理论的开创性著作是在圣彼得堡诞生和出版的。虽然若米尼的这本书，从书名上看，是专门论述战争艺术的一般规则，但从本质上说，几乎是第一次在书中准确地使用了"战略"一词，而且书中的一些直接表述毫无疑问地表明，这本四十三页的小型著作是第一本直接论述战略理论和规则的系统著作。在该书

卡尔·菲利普·戈特弗里德·冯·克劳塞维茨(1780—1831年)

的第三页,若米尼就指出,书中规定的规则"与武器的种类无关,也与时间和地点无关,但它们是不可或缺的"。也就是说,作者实际上讲的是客观规则,甚至是做出最重要的长期战略决策的规则基础,这些规则在很大程度上不受时间的影响。

若米尼出生在瑞士,年轻时曾在瑞士生活。在短暂的海尔维第共和国时期,受拿破仑活动的影响,年轻的若米尼担任了共和国战争部长的助理。初次的军事经历、对军事行动组织过程的观察以及深刻的分析能力,让若米尼萌生了为军事行动的组织制定长期通用规则的想法。1801年,年轻的若米尼少校从军队退役,写下了他的第一部著作,随后由米歇尔·内伊元帅(Michel Ney,1769—1815年)呈给拿破仑,给这位战略天才留下了深刻印象,以至于他决定立即出版。随后,由于若米尼出色的分析能力,拿破仑授予这位年轻军官男爵头衔,又因他分析了许多军事行动,特别是意大利行动,而授予他第一个军衔——准将。若米尼在拿破仑帝国的大部分活动都是担任帝国最勇敢的元帅之一——内伊的参谋长。拿破仑多次求助于若米尼将军的实践和理论分析与建议,这引起了拿破仑其他参谋人员的极大妒忌,尤其是拿破仑军队的参谋长和法国战争部长——贝尔蒂埃元帅,他阻挠若米尼晋升为师长,并从总体上阻止了他进一步的军事生涯。然而,直到1813年,若米尼仍在为法兰西帝国的利益继续服役。拿破仑在俄罗斯发动军事行动期间,若米尼没有直接参与对俄作战,而是担任维尔纳和斯摩棱斯克的军事占领区总督。1813年,在与贝尔蒂埃的冲突升级后,曾为法军将领的若米尼男爵接受了俄国皇帝亚历山大一世的邀请,加入俄军并晋升为中将。若米尼将军英勇诚实地为俄国服务了几十年。正是在他的指引下,俄罗斯最高军事将领的主要培养基地"总参谋部军事学院"成立了,并且至今仍在运作。他是俄罗斯三位皇帝——亚历山大一世、尼古拉一世和亚历山大二世的军事顾问和导师。他为俄罗斯帝国所做的军事贡献使他赢得了正式将军军衔——总司令。他被授予俄罗斯帝国的最高奖项——圣安德鲁使徒勋章。晚年退休后,他回到了家乡瑞士,并在比利时的布鲁塞尔买了房子,他非常喜欢那里的生活。然而,即使在那之后,他的战略天才仍然受到追捧。在俄土战争和克里米亚战争中,他为俄国皇帝提供了多个胜利的战略方案。法国皇帝拿破仑三世也多次邀请他进行磋商和提供建议。

我对战略理论和战略规划实践问题进行了多年的研究,这使我熟悉了若米尼将军的著作,并由此得出结论,战略作为一种理论诞生的重要时刻就是若米尼将军完成该书的那一刻,这本书出版于整整200年前的圣彼得堡。经过二十多年的战略教学,我得出的另一个结论是,战略思维和战略规则是可以而且

拿破仑·波拿巴(1769—1821年)

亚历山大一世·帕夫洛维奇（1777—1825年）

应该传授的。正是这两个原因促使我竭尽所能，为若米尼将军这部独一无二的理论著作的周年出版做出贡献。

我相信，当读者熟悉了这本篇幅不长却令人印象深刻的著作之后，就会理解若米尼将军在发展战略理论和实践基础以及战略规则方面所发挥的特殊作用。说到这本书的编写工作，我必须向莫斯科国立大学校长维克托·安东诺维奇·萨多夫尼奇院士表示衷心的感谢，感谢他支持我的战略研究。如果没有我的同事和战略理论与实践研究的支持者伊戈尔·尼古拉耶维奇·阿宾和弗拉基米尔·亚历山德罗维奇·沙马霍夫以及战略实践者罗曼·鲍里索维奇·根金的支持，我的努力显然不足以出版这本周年纪念版。

弗拉基米尔·昆特近照

在我准备出版若米尼著作的过程中，我的同事们鼓励我对这本杰出的著作进行思考并逐页附加评注，目的是让广大读者更容易理解若米尼著作在当代战略规划实践中的实际意义。

在准备本书印刷以及从我的著作中挑选有助于读者理解若米尼思想论述的过程中，我得到了博士生M. K. Khabekova和研究生B. E. Kvartenko、K. V. Sadovnikova、M. I. Osokina、N. I. Sasaev的帮助。

最后，我要感谢俄罗斯总统国民经济和公共管理学院西北管理学院出版印刷中心主任E. Yu. Y. Knyazev和经济学博士、副教授A. A. Kozyrev、L. N. Avetisova以及经济学博士M. K. Alimuradov，他们以各种可能的方式协助我的准备工作，在200年后出版若米尼的这部著作，使其不被遗忘。

我和我的同事们希望这本书能增强领导者和年轻学者对战略理论和战略规划实践问题的研究兴趣，并证实对圣彼得堡作为战略理论发源地的认识。

弗拉基米尔·昆特
博士，经济学教授
俄罗斯科学院外籍院士
圣彼得堡，2017年

古俄语封面

兵法通则

若米尼副将的论文
由 M. Grybovsky 译自法文

圣彼得堡

在近卫军总部印刷厂

1817.

安托万-亨利·若米尼男爵是拿破仑时代的瑞士、法国军事家，后半生服务于沙俄军队。若米尼一生的最大贡献，是创作了几部有关战争和军事理论的鸿篇巨著，对战争的规律、性质、战略战术、军队建设等方面进行了理论探讨，创立了较完善的军事理论体系。他和19世纪另一位军事思想家卡尔·菲利普·戈特弗里德·冯·克劳塞维茨并列为西方军事思想领域的两大权威。

评注：

亚历山大一世同意出版这部若米尼的创新之作，说明他对战略的作用和力量有着深刻的理解。

战略是探索、制定和发展一种原则的系统，如果能够确保一致和充分实施，该原则将确保长期成功。这是对环境进行系统分析、基于战略思维、深厚知识和直觉对未来状况加以预测的结果。战略是在未来和未知的混乱中调整优先事项和目标的指南。这是智慧乘以精确选择的攻击向量以及对资源限制的评估。

——弗拉基米尔·昆特

由最高统帅部印刷*

* 这部著作是安托万-亨利·若米尼的专著《兵法通则》的传真复制品，是战略理论的先驱之作，于1817年在圣彼得堡首次全文出版。在这部原著中，附有弗拉基米尔·昆特院士的战略评论，其在本书序言中介绍了历史背景，并证实了若米尼的著作对战略理论和实践发展的重要性。建议在教育过程中作用于博士生、研究生、本科生以及所有在战略理论和战略实践领域提高素养的人。

最高指挥部印制
兵法总规则[①]

自古以来，兵法就有基础的基本规则。所有军事因素都必须适用于这些规则，以便了解其他军事家的真正优点。这些规则既不依赖于武器的类型，也不依赖于时间和地点：它们是不可或缺的，只有天才和经验才能显示使用它们时必然发生的变化。数个世纪以来，总有一些有经验的领导者或多或少地成功运用了这些最初的兵法规则。居鲁士[②]和汉尼拔都是伟大的将领；罗马和希腊也有许多这样的名字；亚历山大大帝在战争的转折中常常凭借军事技巧取胜；恺撒大帝知道如何在任何规模的战争中取得同样的胜利，甚至鲜为人知的帖木儿本人也留下了军事手册，其中的每一页都显示出他是一位军事天才，能够指挥士兵并利用他们取得胜利[③]。在寻找胜利的原因时，瓦格拉姆战役、法萨尔战役和戛纳战役的胜利原因竟然是相同的。

[①] 本书于1806年在波兹南创作，此后又增加了一些与后来事件有关的文章和评论。
[②] 参见色诺芬著作中的百科全书。
[③] 帖木儿的军事手册由兰格莱斯（修道院院长）发表。

评注：

战略理论应围绕分析和论证其原则、规则和假设而建立。对它们的无知和忽视会导致失败。遗憾的是，自若米尼时代以来，战略理论的发展一直没有大的进步。战略家和领导者必须认真学习、深入分析和理解战略的各种范畴、原理和规则，即战略思维规则和战略规划过程。这就需要学习古代和后来最重要的哲学（主要是本体论和存在论）著作、经典历史军事著作和军事战役分析，以及现代领导决策过程理论。

——弗拉基米尔·昆特

评注：

一个具有战略思维、直觉和经验的领导者，要懂得如何运用战略思想，而不是立即运用武器、资本、物质或人力资源来赢得战斗、参与竞争或巩固权力地位。

在现代世界，对于拥有大量财富和自然资源储备的国家经济来说，战略是比主要经济因素更强大的武器。

——弗拉基米尔·昆特

B. Л. Kвинт

在五次行动中，一些不可理解的命运似乎让军事作家一致认为，在许多次重要事件中寻找大规模军事行动成功的原因，仅仅取决于出色的战斗布置和战斗时对集中力量的巧妙运用。由此产生了大量的著作，作者们通过各自解释无关紧要的事实，形成了数百个相互矛盾的制度，从而证明，如果这些制度中至少有一个是正确的，那么其他所有制度都必然是错误的。最后，他们在自己的创作中走得更远，他们称之为"兵法"，以至于他们写了整整一章来阐述军官应该如何佩剑，应该使用什么样的步枪。

然而，这些乏味的解释造成的后果是，许多非常英勇的战士都相信《兵法》是没有规则的。这是一个严重的错误，对那些坚持这种观点的人来说不利①。当然，没有一个制度是完美的，因为所有制度都是基于假设的计算结果。这是人类思维的表现，它可能出错，而且经常会发生这样的情况：通过婉转的表达方式和巧妙安排的专业词汇，使最虚假的概念看起来毫无破绽，但这根本不是基本规则的意思。它们始终是不可改变的，人类思维无法摧毁它们。

评注：

战略家的能力与小细节、限制即兴发挥的不必要指令、研究过的统计数据和经验评估中的抽象程度有关，同时与细节设计相关，并通过直观选择最重要、最具决定性的特征和条件。战略家对未来的憧憬程度，决定了他选择这些特征的能力，而这些特征在未来只会加强其对战略进程的作用和影响；利用这些特征将有助于取得有效的成功。

——弗拉基米尔·昆特

В. Л. Квинт

---

① 我听过一位相当有名的将军在澳大利亚的城堡里的一场言论："我希望能听到出色的军事家们解释在那次如此混杂的进攻中，我们是按照什么规则取胜的！毫无疑问，在骑兵进攻中，没有任何转弯的余地，唯一的规则就是用刀刺杀；但这又能证明什么呢？在整场战斗中，这次攻击又算得了什么呢？"拿破仑在下达命令后已经对此作了解释："这是一支辅助部队的行动，目的是在其他地方实施决定性打击时牵制住敌人。"

如果作者们能做得更好，在阐述确切的战争概念时，首先列出与所有命令相关的规则，而不是编造荒谬的体系导致自相矛盾。这一壮举固然伟大而艰巨，但其结果却是真实的，就不会有更多的人反驳这门科学的正确性：马科不会在1793年写道，拉长的线条是最坚固的阵地；比洛不会相信，战败的军队为了自救，军队必须被分成许多分支部队，从而形成分裂的、偏离主线的行军队列（分散的撤退, retraites excentriques）。如果不是他们分兵布阵，保护所有道路，也不至于面临战败的危险，就像图伦在阿尔萨斯击败贝尔农维尔一样。

评注：

战略家的成功取决于他的远见卓识，取决于他能否识别新模式、新趋势、新机遇、新危险以及竞争优势的成熟度，能否先于竞争者和对手预见到它们的影响和效果。了解战略法则并遵循它们有助于他做到这一点。发展这些规则是战略理论家对实践者的重大责任。

当一个人，尤其是一个领导者或战略家，发展出战略思维时，只要有实际需要并加以利用，它就成为一种永远不会丢失的工具。

——弗拉基米尔·昆特

腓特烈非常巧妙地写道：一个熟练的指挥官必须尽一切努力迫使敌人兵力分散。仅仅五十年的时间，已经有许多当代将军认为尽可能分散军队是高明的兵法。这种模糊的观点是普遍不确定性的结果。如果士兵们不再提出空洞的假设和不正确的计算，而是开始展示未应用的规则并建立一个共同的目标，那么最严重的错误就不会如此普遍，兵法中最重要的真理也不会被士兵们遗忘，并对此仍然存在分歧的意见。

评注：

建立在合理理论、深入细致分析基础上的战略可以使机构免于组织混乱、声誉受损、衰落，并在其领域取得成功。另一方面，不适应实际情况或存在理论缺陷的战略可能会导致曾经成功的机构或军事单位崩溃、破产或失败。

——弗拉基米尔·昆特

评注：
　　没有战略，组织只能在短时间内运作。这样的组织就像一艘船体受损、罗盘失灵的船——无法长久航行，它将迷失方向，迟早会沉没。
　　　　　　　　——弗拉基米尔·昆特

B. Л. Квинт

　　我敢于完成这项艰巨的任务，尽管我可能没有足够的能力；但我认为奠定基础很重要，如果我们没有利用这种情况并确认它们，那么基础的改进也许会耽误很长时间。

实现自我目标的唯一方法是首先制定规则，然后展示这些规则的应用，并用二十个最光荣的战例来证明它们。这种叙述应该对所有行动以及根据既定规则进行的行动的不同之处进行大胆而审慎的分析。如果我决定证明与这些规则相反的行为是正当的，那么我的工作会给军事规则带来不正确的引导。将军们的个人品质、他们获得的名声以及他们自己的关系都不会阻止我发现他们所犯的错误。经过这样的解释，我希望他们不会对我的判断产生任何个人的敌意或嫉妒。

评注：

  与其他学科相比，战略学需要一种完全不同的思维方式——不是日常生活中局限于时事的"常识"，而是一种无比深刻的思维方式，它建立在对军事斗争史、经济发展趋势、文化成就和社会繁荣进行多方面分析的基础之上。战略需要有自己的视野、哲学原理体系、原则和规则，以及对具体要素在相互关系中的运作和对外部环境的适应性的分析。

——弗拉基米尔·昆特

评注：

  战略家和领导者几乎从不知道竞争者和对手的确切资源量，也不知道他们优化这些资源的战略。在理性的战略方法中，战略家不会花费大量资源来试图战胜竞争者或对手。替代解决方案应该是不对称的、资源受限的。不对称战略是竞争者和对手最难预测的。

——弗拉基米尔·昆特

B. Л. Kвинт

  在序言中，我已尽力说明了需要克服的障碍有多少，以及我希望始终保持公正的愿望。现在，我们要从上个世纪的1792年开始，研究评判军事史的依据。

————————

  最重要的规则是以巨大的兵力优势攻击最重要的地点，所有军事行动的成功都源于这一规则的应用，而忽略这一规则则会造成最大的伤害。

  不难理解，一个拥有六万兵力的将军，用五万兵力攻打敌军的一部分，就有时间打败十万兵力。如果不利用兵力的优势，在以下七种情况下是弊大于利的，它只会加剧混乱，洛伊滕战役就是一个例子。

应用这条规则的方式有很多,我将尝试在这里概述它们。

I. 第一种方法是预加速运动。一个有时间获得这种优势的将军,有权力把他的部队用在他认为最方便指挥的地方;相反,一个等待对手的将军,不能按照自己的意愿下达命令,只能受制于对手的行动。当这些行动已经开始执行时,就没有时间去反抗了。快速行动的将军知道自己要做什么;他隐藏自己的行军路线,突然发起攻击,击溃一翼或薄弱部分;而等待的将军甚至还没有意识到敌人的攻击,战线的一部分就已经被击溃了。

评注:

战略的主要规则是节约时间的规则。战略成功的主要因素是时间。战略家应该时刻牢记,时间不站在任何人一边,必须善于把时间变成自己的盟友和武器,始终努力寻找方法,利用时间因素把竞争对手的优势变成过时的、无用的或不那么有效的优势。

——弗拉基米尔·昆特

评注：

　　战略是时间、成本和空间相乘的产物，其中空间可以理解为领土、生产能力、军事实力以及开发和实施的创新战略思想。在这个等式中，时间和创新这两个因素使战略目标取得胜利，以及竞争者难以预测的特征——加速和不对称。

——弗拉基米尔·昆特

B. Л. Kвинт

II. 第二种方法是将兵力引到敌人最薄弱的地方，在那里可以获得更多的利益。这部分的选择取决于敌人的位置。最重要的阵地永远是获得更多利益和最重要成果的阵地。例如，这些阵地既能切断敌人的通信，使其无法采取行动，又能将其逼退到不可逾越的障碍物处，如海边、无渡口的大河或强大的中立国[①]。

在双线和分割线中，攻击应指向中心。把主力调到那里后，他总是能打败被分割的军队。被分割开来的左右两翼再也无法协同作战，只能被迫进行危险的分散撤退，而沃姆斯尔（Wurmser）、马卡（Macca）和布伦瑞克公爵（Brunswick）的军队都经历过这种不利的后果。相反，在相等或连续的阵线中，最薄弱的地方就是这些阵线的末端。如果有必要的话，用右翼或左翼的部队来增援中间要容易得多。但一翼有足够的兵力支援另一翼，当另一翼被击溃时，就会及时赶到，因此距离较远，只能逐渐地、陆续地使用。

[①] 对此的进一步解释可以在 G. Jomini 出版的对伟大军事行动的讨论中或在批判的腓特烈战争史中看到，特别是第十四章和第三十一章。

从前线进攻的密集纵队与从边缘进攻的防线所处的位置完全相同;两者都会进行交战并逐渐被击溃,罗斯巴赫(Rosbach)和奥尔斯泰特(Auerstedt)战役的失败就证明了这一点。然而,给密集纵队安排新的阵地要比改变已发起攻击的另一端的战线容易得多。

评注:

支持具有重要战略意义的创新可以提供巨大的竞争优势和活力。战略家必须能够利用许多知识领域的进步,将其与赢得战略竞争的重点相结合,即使是在最复杂和最意想不到的环境中。相关政治、社会、经济和军事力量平衡的微小变化不会对大型战略目标产生重大影响。战略家应找出并分析其潜在变化、加强和目标的载体,以便将组织的活动及其潜力转向已接受、调整或新的战略优先事项、目标和目的上。

——弗拉基米尔·昆特

根据战略规则,向敌军行动线的最前沿发起总攻;不仅要攻击优势兵力中最薄弱的部分,而且在攻击该部分后,还要能轻易来到战线后方或攻击敌军与其行动基地或第二战线的交通要道。

评注:

与任何基础科学一样,战略也有其原则、规则和实施规则。这些战略范畴尚未得到充分发展。因此,战略家常常依赖于对成功经验的分析。然而,他们必须做好心理准备,因为竞争者和对手可能早已熟知以前取得胜利的战略理论。因此,这些战略变得可以预测,实施这些战略的模式和方案也是如此。对战略家来说,提出可预测的方案是危险的。因此,如果不做出重大调整,就不应采用以前成功的战略。

——弗拉基米尔·昆特

因此，拿破仑在1805年占领多瑙韦尔特（Donauwerth）和莱赫河防线后，就把他的军队部署在马卡与维也纳的交通线上，作为这位将军与波希米亚联系的基地，使他无法与构成第二重要防线的俄军联系。1806年，普鲁士左翼通过萨尔费尔德（Saalfeld）和格拉（Gera）也开展了同样的军事行动。1812年，俄军向卡卢加和克拉斯诺（Krasnoe）进攻时，以及1815年通过波希米亚向德累斯顿和莱比锡进攻拿破仑的右翼时，也重复了这一行动①。

---

① 有人说，无论是在1813年的德累斯顿，还是在1814年的香槟，集中阵线都没能拯救拿破仑；我要反过来说，拿破仑的微小成功都归功于这种体系；他失败的原因在于他的部队和辅助援助的不均衡，在于他的部队的不同属性，在于波希米亚和巴伐利亚在他的右翼狂热中的地位，可以说，在于他的信息。另外，我要补充一点，集中兵力制度迄今为止只适用于15万人的军队，不超过20万人；我在描述1794年的战役时指出，将更多的兵力集中在一条战线上是没有用的，因为即使如此数量的兵力也很难在一日、一个战场上使用。

我并不认为集中行动具有独特的优势，所以我经常认为攻击敌方战线的一端是最有利的。然而，我们不应该将受到两支军队正面攻击的集中行动线与完全被两支军队包围的行动线混为一谈（例如，查尔斯公爵埃尔茨的军队在1796年对抗莫罗和乔丹）。后者不仅利润较低，而且当敌军数量较多时甚至会变得危险。我的结论是，拿破仑的军队被整个欧洲的军队所包围，这些军队由不同的部队组成，由于其自身的巨大性和前所未有的数量的轻装部队而被饥饿所疲惫，仅凭其集中的位置是不可能的。但例外并不能反驳规则或普遍真理，在所有战争中，当敌人采取相反的行动时，坚持这种制度的强国，以平等的优势，即以同等的力量进行战斗，必然会取得胜利。我在此指的是近代所有最优秀的将军和最光荣的军事事件。

评注：

战略家必须明确战略目标的真正价值、利益和优先事项，而不能仅以领导者的愿望为导向。领导者通常会寻求使用自己以前的制胜方案。然而，这些方案对于竞争者或对手来说已经很容易预测，而且往往会导致失败的局面。

战略家需要非常谨慎地评估成熟的趋势，并设法预测趋势及其对战略实施的影响性质。在竞争环境中，获胜的战略家往往是在分析过程中了解对手过去成功经验的战略家。战略家应始终略微高估竞争对手的资源和能力。

——弗拉基米尔·昆特

评注：

虽然战略实施的初始阶段具有资源有限、要素和力量惯性的特点，但先前实施的战略设想、革命性创新和时效性机动可以成为在战略对抗或冲突中加强地位的两个主要因素。该战略要求将资源集中在主要优势领域，而不是解决当前问题。一般来说，惯性是战略思维和战略最不可接受的特征之一。

——弗拉基米尔·昆特

III. 前述真理的结果证明，如果主要攻击战线的两端，在兵力不占优势的情况下，同样有必要提防同时攻击两端。一支六万人的军队，分成两个三万人的军团去攻击同等兵力的敌军的两端，就会失去给予敌人决定性打击的手段，增加敌人对这两支部队进行对抗的途径。当军队行进分散时，容易遭受敌人集结兵力，在某一地点利用其优势给予致命的打击。如果使用大量的部队分散攻击多个地方，这些攻击会更加危险，并且与战争的主要规则相抵触，尤其当这些部队无法同时行动并集中在一个地点时。根据相同原则，当我们在兵力上远远超过敌人时，对敌人的两翼同时发动进攻是非常有利的。进攻者向敌军两翼发起进攻所用的兵力远远超过敌军的抵抗能力；当优势兵力集结在一处时，敌军或许有时间调转方向，并以同等兵力与之对抗。在这种情况下，我们应尽量把大部分兵力调往敌军的另一翼，因为我们有希望从那里的进攻中取得最决定性的胜利，七年战争中霍奇基希战役的描述就证明了这一点。

评注：

　　战略的绝对法则之一是仅执行由竞争优势确保的优先事项。竞争优势是有效实施优先事项的基础。在进行战略分析时，应从利用战略目标在所考虑的领土上的现有竞争优势的角度来考虑每一个优先事项，以及制定和（或）实施战略优先事项的军事对抗路线。

——弗拉基米尔·昆特

评注：

战略家就像一个飞行员，带领公司、政府、军队或任何战略组织从过去走向未来，利用预测、直觉、远见和战略，应对未来潜在的和鲜为人知的挑战和障碍，尽可能避免这些挑战和障碍。取得成功的细节在于战术，进而在于有效的管理。

——弗拉基米尔·昆特

B. Л. Kvint

IV. 为了使大部分部队对敌人的一个据点造成最有力的打击，在战略运动中，有必要将集结的部队置于四个角落的空间中，以便更方便地进行调遣①。冗长的阵线与分散的阵线、无法相互增援的相互独立的部队，都违背了军事科学的真正规则。

---

① 这里我们指的不是密集的四边形纵队，而是指各营的部署方式应使各营能够以相同的速度从四面八方到达发起攻击的地方。

V. 采用我们所展示的一般规则的最有效手段是能够引导敌人犯下与上述规则相反的错误。只需几个小军团的轻装部队，就有可能在敌人的不同交通要道突然向其发起进攻。在不了解这些军团的实力的情况下，敌人很可能会派出大量部队与他们对抗，从而分散他的部队；同时，这些轻装部队近距离观察敌方阵地还会获得更重要的好处。

评注：

战略思维能够通过研究和利用其他专家对未来方案的结论，预测和重新关注所有收到的信号。战略家每天都要重新评估过去，推断已知的公理和模式，为未来探索创新和计划。对任何有关竞争者或对手的战略意图和资源的信息都极为有用。

——弗拉基米尔·昆特

评注：

制定新战略或修订现有战略时，应首先分析与战略目标直接相关的、成熟的且广泛认可的模式和趋势，并监测其影响动态。更重要的是，战略家必须能够预测尚未出现的模式，并能够据此制定其动态变化和潜在影响的战略。最具创新性、最有可能取得成功的战略都是基于在战略实施之初对鲜为人知或尚未实现的模式、趋势和创新的分析。

——弗拉基米尔·昆特

B. Л. Kвинт

Ⅵ. 当我们打算采取决定性行动时，决不能忽视了解敌人的位置和他可能采取的行动。我们很少关心间谍的选择，但在七种情况下，对间谍是非常有利的；从游击队员那里可以获得更多的利益。将军应将小股部队分散到各个方向。在这种情况下，这些小分队的分工就像在战略行动中需要总兵力一样有用。在这种情况下，可以组成轻骑兵师，而不再是主力部队的一部分。如果不采取这种预防措施，就等于在黑暗中行动，面临敌人秘密行动可能带来的最大危险。我在上文已经说过，这些游击队同时可以在最重要的地点扰乱敌人，从而迫使敌人分兵。这些手段却被忽视了；间谍们没有为这项工作做好充分准备，轻装部队的军官也没有事先接受培训，以获得领导他们的分遣队所需的经验[①]。

评注：

  战略家应监督战略计划的实施，找出如何避免不可预见的障碍，减少其负面影响，以及如何应对不可避免的障碍和复杂情况。将领导者和管理者纳入战略制定过程的监控系统非常重要，以确保对实施时间的控制，从而促进战略的有效实施。**战略规则还表明，只有在发现新机遇时，战略决策的成本才会相对于批准的预算有所增加，而新机遇应始终先于危险评估。**新机遇有助于预防风险和改变对风险的态度。

——弗拉基米尔·昆特

B. Л. Kвинт

---

① 哥萨克给俄罗斯军队带来的非凡好处证明了这篇写于1806年的文章的真实性。这些轻装部队在大型战斗中没有多少价值，但在追击中却不可被忽视。从指挥官的角度来看，这是最危险的敌人，他不再确定是否收到或执行他的命令；他的军队处于危险之中，所有行动都变得不正确。当一支军队只有少数游击队时，就不可能知道他们的全部功绩；但当他们的数量增加到15万人和20万人时，人们就已经可以判断他们的重要性，特别是子民忠于他们的国家。

因为担心他们不能俘获一支军队，所以必须把所有东西都遮起来，而且这些遮盖物必须很多，才能保证他们的安全。在不知道敌人在哪里的情况下，你永远无法确定自己能否平静地行军。这些掩护需要大量兵力，很快就会耗尽线列骑兵。土耳其军队对俄罗斯人造成的伤害几乎与哥萨克对欧洲人造成的伤害相同：保加利亚的马车并不像西班牙和波兰的那样安全。我认为，在其他欧洲军队中，通过在战争期间招募的数千名骠骑兵或志愿者，也可以实现同样的目标，他们巧妙地带领那些匆忙前往勇敢领袖将带领他们的地方；但他们应该始终被认为是为了好运而被允许的，因为当他们必须接受总参谋部的命令时，他们将不再是游击队。诚然，他们在成功方面无法与哥萨克相比，也无法长期抵抗善战的哥萨克，但不可避免的邪恶必须以一切可能的利益来对抗。

评注：

节约时间是战略第一规则。战略家应始终努力寻找战略解决方案，利用时间削弱或消灭竞争者和对手及其优势。战略家应设法利用竞争者的资源，降低时间成本，优化其人力、物力和财力资源。

——弗拉基米尔·昆特

B. Л. Кнunn

VII. 要想成功作战，仅仅巧妙地将部队引向最重要的地点是不够的，还必须能够在这些地点采取行动。如果我们占领了这些据点，但在这些据点上无所作为，那么我们就不符合这一规则。敌人可以反抗我们，为了防止他这样做，我们必须在占领他的一个据点后立即与他对抗并进行战斗。在这个时候，大多数人都应该集中全部力量采取行动。决定战斗胜负的不仅是在场的人数，而且是出动的兵力。

为了获得这些利益，一个高明的将军知道如何利用他进行决定性打击的时机，用他的所有部队（不包括留作预备队的部队）突然袭击敌人。

当基于这种规则的行动无法取得胜利时，无论出于何种考虑，都不应再抱有希望，而只剩下一种手段，即由后备部队配合已投入战斗的部队进行最后一击。

VIII. 对战争的所有考虑可归纳为三个策略：

第一种是完全防御性的，包括在坚固的阵地上等待敌人，其唯一目的就是守住阵地；道恩在托尔高的命令和马森纽斯在都灵防线的命令就是如此。这两件事足以说明这种部署是多么不利。

第二种是完全进攻性的，也就是说，只要能遇到敌人，就对其发动进攻；这就是腓特烈在莱顿和托尔高、拿破仑在耶拿-雷根斯堡、同盟国在莱比锡所做的事情。

第三种是在某种程度上介于两者之间。它包括选择一个根据所有战略规则和地理位置优势都认为合适的作战地点，以便在那里等待敌人，在战斗中不失时机地快速移动并攻击敌人，同时计算成功的可能性。在这里，我们必须提到拿破仑在里索利和奥斯特利茨、威灵顿在圣让山以及他在西班牙的大多数防御战中的命令。

评注：

战略思维有三种主要方式。

第一种方式是"新维度战略"，需要超长期的前瞻性思考，甚至可能远远超过了战略分析对象当前的状况。它还需要思考者有能力识别和分析可能通向指数式成功之路的不对称战略，即便它们可能从根本上改变规划对象的当前活动。

第二种方式是"改进战略"。与第一种方式不同，这种方式主要依赖于对战略规划对象的子系统及其要素、功能以及它们之间的交互作用的系统分析。

第三种方式是"组合战略"。这种方式在引进和发展革命性的创新理念和技术的同时，公司当前的盈利能力、军事单位的效率或战术成功是由于其长期运作的生产和技术系统而实现的。这些系统、技术是以前实施过，但是已经过时了的策略。

——弗拉基米尔·昆特

对于如何使用后两种方便有效的策略，很难制定出明确的规则。必须注意双方军队的道德品质、民众的性格（无论是冷血还是热情），最后还要注意地点所造成的障碍。显然，只有这些情况将会展现将军的才能，而这些事实必须分为三个部分：

评注：

节约时间规则既适用于时间与空间的关系，也适用于资源与时间的关系。这一点在全球竞争市场或在广泛的军事行动中，在对手持续猛烈攻击的情况下尤为重要。节省时间，即使是以消耗另外的资源为代价，也会增加组织在新的、尚未开发的利基市场或在前线超越其竞争者的可能性，以及他们对不断变化的条件的反应，等等。

——弗拉基米尔·昆特

1. 对于习惯于军事劳动的部队，在通常的地点，采用完全进攻策略或预先加速进攻更为合适。

2. 在因自然或其他原因难以到达的地方，在部队组织严密、听话的情况下，让敌人占领一个已知的据点，然后对他的部队发动突然袭击，效果会更好，这样敌人的士气会被第一次的反抗耗尽①。

3. 有时，双方的战略地位都需要快速攻击敌方阵地，而不受任何局部考虑的阻碍。例如，当需要阻止敌方两支军队汇合，或者攻击军队的一个独立部分或与军队一河之隔的一个军团时，就会出现这种情况。

评注：

对手可以预测的战略方案总是失败的方案。而不对称战略反应则会给竞争者和对手带来压力，让他们思考、困惑，有时甚至会大大放慢脚步，重新考虑自己的战略。当实施不对称战略所需的时间和资源少于竞争者的战略时，不对称战略最为有效。在军事领域，不对称战略方案本质上对敌人来说更加危险。

——弗拉基米尔·昆特

---

① 库纳斯多夫战役也证明了这一真理，该战役在很多方面与圣让山相似。

评注：

对手可以预测的战略方案总是失败的方案。而不对称战略反应则会给竞争者和对手带来压力，让他们思考、困惑，有时甚至会大大放慢脚步，重新考虑自己的战略。当实施不对称战略所需的时间和资源少于竞争者的战略时，不对称战略最为有效。在军事领域，不对称战略方案本质上对敌人来说更加危险。

——弗拉基米尔·昆特

B. Л. Квинт

IX. 最适合带兵作战的阵型或部署，应该以同时保证部队的机动性和坚固性为目标。为了实现这一最终目标，分配给防御的部队可以组建为部署队形，部分组建为纵队，就像普鲁士-埃劳战役当天俄罗斯军队的部署一样；但是，确定进行决定性打击的军营必须排成两列，每个营将由师纵队组成，而不是部署队形，如下所示[①]：

```
  6.   5.   4.   3.   2.   1. 6 а ш:
  —    —    —    —    —    —
  —    —    —    —    —    —

 12.  11.  10.   9.   8.   7.
  —    —    —    —    —    —
  —    —    —    —    —    —
```

[①] 每个师纵队由两个排组成；一个营有6个排，即每个营可组成3个纵队，因此实际上将分为三行。

这种排列部署方式比展开队形更加坚固，因为展开队列容易产生混乱，在必要的攻击中削弱了兵力，使军官们无法鼓舞士气。为了方便机动，避免过于拥挤，并增强编队，同时又不妨碍稳固性，我认为将步兵编为两列更为方便。紧挨第一列和第三列的第二列总是更容易疲劳、动摇，因此士气更低。然而，这种队形仍能保持所需的兵力，因为三个相连的纵队可以组成六排纵深，这已经足够了。最后，通过增加第三列，在适当时机将产生更强大的火力，同时也会让敌人更加恐惧，因为他们会看到大量的士兵，同时使我军自身受到的火炮打击更少。

评注：

在向业务部门领导人介绍战略时，战略家必须平衡清晰性与复杂性。战略越复杂、越不对称，竞争者和对手就越难预测、理解并制定相应对策。然而，重要的是要记住，向团队成员解释复杂的战略、激发他们的热情和支持，以及确保在长期的战略实施过程中进行协调，也许会更加困难。

战略的成功实施不仅取决于经济和技术因素，个人影响力、领导者和关键决策者的人文素养以及他们对战略的积极性也发挥着重要作用。专业的战略家应尽可能全面地了解决策领导人的战略思维原则，以实施拟议战略。

——弗拉基米尔·昆特

评注：

　　领导者和战略家经常依赖他们的战略决策，尤其是那些为他们带来最重大成就和胜利的战略决策。但竞争者和对手总是在研究对方的制胜战略。他们对竞争者和对手的成功所带来的后果制定战略，并实施更有效的方案，其主要目的是节省时间，完成优先事项。非常规方法往往是通往成功的最有效途径。不幸的是，当一种非常规的、出乎意料的战略取得成功时，它就会变得普遍，并被竞争者所利用。因此，一个成功的领导者必须避免重复自己过去最令人印象深刻的战略决策。

——弗拉基米尔·昆特

X. 在交通不便的国家，例如，到处都是葡萄园、篱笆、果园、丘陵和悬崖峭壁的高地，防御战斗队形应由分成两列的营组成，并由许多步枪手掩护；但进攻部队和预备部队最好排成纵队，从中心进攻，如前文所述；因为后备部队必须时刻准备在决定性时刻向敌人发起攻击，所以他们会以纵队的形式，使出浑身解数、敏捷地向敌人发起攻击[①]。不过，也可以让这些后备部队部分留在部署编队中，直到需要他们的那一刻；而且这样做是为了占领更多阵地，让敌人更加恐惧。

---

① 据说威灵顿勋爵几乎总是以部署队形作战。对于防御部队，这可能是真的；但在我看来，他应该把前进和移动的两翼编成纵队，否则就大错特错了。在兵力相当的情况下，谁会允许自己被这样的阵型打散呢？对于一个将军来说，还有什么比希望他的敌人总是以同样的方式战斗更令人渴望的呢？我在此再次提及参加过欧洲伟大战争的将军们。然而，提出某种战法是最有利的，并不意味着断言这是取得胜利的唯一途径：地形便利、一般原因、人数优势、部队和将领的道德感，这些也是应该考虑的情况。为了使判断建立在一般规则的基础上，必须假设所有这些情况对双方来说都是相同的。

XI. 如果兵法在于用强大力量攻击敌人的弱点，那么乘胜追击溃败的军队同样重要。

评注：

孙子、希西家、恺撒、拿破仑——他们都得出了同样的结论：伟大的战略思想比军队更强大，比战场上的胜利更具有破坏性。一个拥有更多资源但战略意识薄弱的战略者通常会在竞争中败下阵来。部门战略的主要目标应是实现整个战略目标的优先事项。国家战略的一个典型错误是忽视企业战略，反之亦然：企业战略往往不是为了实现国家战略。

——弗拉基米尔·昆特

军队的实力在于它的整体性，在于各个部分与整体的联系，从而推动军队的运转。一旦军队被击溃，这种整体性就会消失；指挥官和执行者之间的一致性破裂，他们之间的联系就会停止并且总是被打断。这时整个军队将会变得薄弱。攻击它就意味着必胜。罗维雷多和布伦特河口的战役证明了这一点，在那里完成了对维尔姆塞军队的歼灭；从乌尔姆到维也纳，从耶拿到维滕贝格、基斯特林和斯特汀的战役也是如此[①]。但是，一些平庸的将军经常无视这一规则。似乎他们天才的所有努力和野心的极限都仅限于占领战场，但在这样的胜利中，部队只有一次调动，并没有什么实际作用。

> 评注：
> 战略激励是战略管理系统的三大职能之一，与另外两个职能——计划和监控同等重要。对人的战略激励不仅与经济和精神激励有关，思想本身也可以成为激励执行战略的工人、军官和士兵的有力手段。领导者必须有能力激励人们实施战略。
> ——弗拉基米尔·昆特

[①] 本章发表于1806年。毕竟，俄军在1812年末连续取得胜利时所表现出的积极性和毅力再次证明了这一真理。亚历山大一世也在1814年自豪地应用了这一规则。

XII. 将军必须关心自己部队的士气，才能确保他的关键性进攻取得成功。当拥有5万人的军队进攻2万人的军队时，如果他们缺乏打垮和摧毁敌人的信心，进攻又有何用？这里说的不仅仅是士兵，更多的是指领导者。当领导者体现出崇高的牺牲精神时，所有部队都是勇敢的。士兵不仅能忍受火力，而且因自尊心而争相在战斗中不辱使命、不辱将校荣誉，特别是在他们被领袖的智慧和同袍的勇气所激励时①。

---

① 毫无疑问，这条规则因国家而异，而且并非每支军队都能适用荣誉概念的所有细微差别，正如我在《奥地利日报》上发表的一篇文章中所说的那样。但是，不管那里写了些什么，苏沃洛夫的军团之所以如此勇敢，并不只是因为他的严格：他有以自己的方式激励他们的天赋。尽管这篇文章受到了出版商的批评，但我还是坚定地认为，鞭笞并不能起到良好的激励作用。这种惩罚的效果可以改变、减轻、淡化；但它永远不会使士兵变得勇敢，也不会因为反对它而被过分放大。还有其他激发部队士气的方法。

评注：

为实现优先事项而调配资源，需要所有参与者（从领导到普通工人或士兵）的一致同意。人们必须理解并支持实现目标。否则，就有可能出现混乱。**战略实施是靠人民群众的积极性来实现的**。这一规则的实现需要军队各单位、国家各地区领导人的廉洁；他们想从战略中心获得更多资源，却损害了整个系统的成功，腐败扼杀了部队和团队的积极性。资源和社会基础设施的发展也是激励民众的战略进程的一部分。

——弗拉基米尔·昆特

将军在进行战略规划时必须依赖部下的忠诚、名誉以及武器。他必须确信，所有部下在任何地方都会竭尽全力来执行他的命令。要做到这一点，首先要学会让自己成为受人喜爱、受人尊重、受人敬畏的人；再者则是有权选择和决定他的助手。如果这些助手是依靠其血统的古老地位获得了这些职位，那几乎可以预料到他们没有能力担任重要职务。

评注：

所有参与战略实施过程的人都需要了解战略优先事项如何反映自身利益。拿破仑说："人为自己的利益而奋斗，胜过为自己的权利而奋斗。"这也是为什么在战略制定过程中，首先要分析战略最终执行者的价值观和利益的原因之一。

——弗拉基米尔·昆特

从这简短的概述可以看出，军事科学包括三个主要因素，每个因素都有几个分支或执行方式。只有那些同时符合这三个因素的军事行动才能被称为最完美的，因为这将是对上述规则的不断应用[①]。

评注：

战略家普遍存在一种误解，认为预测、战略规划和制定过程是相同的。这本质上是错误的。实际上，这些术语描述的是三种不同的活动，它们会产生不同的结果。预测的结果是可靠的预测。战略规划会产生新制定的战略。制定过程旨在制定详细的、现有资源可保证的计划。了解上述过程之间的相互关系，就能更好地理解战略过程的各个阶段，从而取得成功。

——弗拉基米尔·昆特

B. Л. Kburm

---

① 唯一的例外是民族战争，在这些战争中，如果没有共同的力量，很难胜利，因为联合作战时，会面临失去已占领领土的风险。

为避免这些困扰，需要有一支军队，可以与敌人作战，以及独立行动的部队在其后方。这些部队的领导者必须是精明的将军，优秀的统治者，坚定而公正，因为他们的努力就像军队的力量一样，可以协助征服所托付的领土。

评注：

　　认识任何战略目标、未来的社会、经济和（或）军事潜力，首先要确定其动态特征，这些特征决定了该目标从过去到不久或将来的发展趋势。这个过程就是预测。它不仅描述了外部环境，还提供了有关内部组成的信息。战略的制定应始终以战略目标的实现为导向。资源评估和长期规划要与3—5年的中期计划和未来24个月的工作计划互相协调，然后逐周计算。战略本质上注重预测并将其与计划联系起来。

——弗拉基米尔·昆特

В. Л. Квинт

　　第一个因素涉及通过最有利的方式规划行动线路。尽管有点不公平，但通常被称为行动计划。我并不明白这个名称可能意味着什么，因为规划整个行动的计划是不可能的，第一步可能会破坏所有之前的计划，并且也不可能预见接下来的行动。

　　第二个因素是在关键据点迅速集结兵力的兵法。这通常被称为战略，但实际上它只是执行第二个因素的一种方式。

　　第三个因素则涉及在战斗时及时将所有联合部队集中到最重要的据点。这实际上是一种战斗科学，有些作家称之为部署队形，其他人则称之为战术。

　　这就是军事科学的简要概述。忽视这些规则导致了奥地利将军在1793至1800年、1805年总是战败；同样也导致在1795年失去了比利时，1796年失去了德国，1799年失去了意大利和施瓦本。

在这里只阐述了与用兵有关的规则，或者说与战争部分本身有关的规则；但要成功地应对整个战争，还必须考虑到其他同样重要的因素，这些因素更多地属于治国之学，而非为将之学，这一点对我的读者来说是多余的。

评注：

任何战略——国家、地区、企业、军队战略——都具有共同的性质和共同的理论基础。因此，整体性的国家战略应整合国家、地区、部门、企业和军事战略。合理的战略可以避免混乱、声誉受损、衰落，并使国家走向成功的巅峰。

——弗拉基米尔·昆特

评注：

　　实施战略为进入战略和后续战略步骤提供了界限和框架。当进入一个新市场或欠发达地区的经济发展领域，或进入一个潜在军事行动的新战场时，都应考虑到新环境的自然、环境、文化和宗教特点。在战略规划的前几个阶段，这或许是一个细节。例如，进入新兴市场的战略与进入发达国家的战略存在显著差异。

——弗拉基米尔·昆特

　　要想在伟大的事业中取得成功，不仅需要考虑军队的当前状况，还要准确了解后备军的情况，他们应该作为储备并弥补所有短缺，无论是人员还是物资；以及依据人们以往的行为和当前对邻国的态度了解人民的内部状况。同样重要的是要了解正在与我们作战的民族的情感、他们的习俗和对这些习俗的依恋。此外，还必须考虑地区的地理位置和被侵略国家的偏远程度，因为进攻方的劣势会随着战线的延伸而增加。最后，还需要考虑被侵略国家的特征[①]，以及为这场远大行动而签订的联盟的稳固程度。

[①] 正是这一点让我在1805年写道，拿破仑的制度在俄罗斯和瑞典的执行并不方便。

总之，有必要了解这门科学，这门融合了政治学、管理学和兵法的学科，孟德斯鸠在描绘罗马人的伟大时，非常巧妙地描绘了这门科学的基础。要概述这门学问的坚实原则甚至一般规则都很困难。历史是唯一可以让你获得一些好的指导的学校，但很少有如此相似的情况，以至于可以根据几个世纪以来发生的事情来管理某个时期的事务。人们的参与对事件的影响太大了，正因为如此，一个人失败的地方，也许有另一个人成功的地方。

评注：

当今世界，真正的战略思维和战略本身的重要性和有效性往往被低估或忽视。尽管战略思维在军事和政府机构中的应用实际上已经有大约三千年的历史，但对战略现象的概念性理解的成熟在最近两百年才开始。战略作为一个理论概念和一个独立的基础范畴和应用范畴，正处于形成和发展的初始阶段。当战略重点被眼前的短期目标所取代时，帝国的崩溃、军事失败和企业破产常常发生。把主要精力放在业务决策和当前利益上是通向战略失败的道路。

——弗拉基米尔·昆特

B. Л. Kвинт

评注：

  战略家应高估竞争者的资源和能力。在公元前52年的阿莱西亚战役之前，恺撒就已经知道自己的军队只有高卢军队的五分之一。他们的领导者占尽优势，但恺撒以创新的方式调配了他的战斗资源，这种配置方式使他赢得了决定性的胜利。结果，现代法国的领土在长达六个世纪的时间里成为罗马帝国的一部分。从战略上讲，弱小的竞争者并不一定是失败的竞争者！重新评估竞争者是有益的，可以防止战略家措手不及。

——弗拉基米尔·昆特

B. Л. Kвинт

  拿破仑也许知道这门科学，但他轻视人性，忽视了它。他的失败并非是因为不了解卡姆比扎以及瓦罗军团的命运，克拉苏的失败，尤利安皇帝的不幸，或是十字军东征的后果，而是因为他自认为他的天赋将带给他无数的优势，而他的对手们则丝毫没有这种天赋。当他忘记了人类的力量和智慧也有其局限性，当他所动员的力量越强大，创造性的思想就越是受制于不变的自然法则，而他控制事件的能力就越小，他就从伟大的神坛跌落了。卡茨巴赫战役、登尼维茨战役，甚至莱比锡战役的结果都证明了这一真理，它已经成为最重要的学科主题。

  我不打算在这里重复孟德斯鸠和马基雅维勒就指挥国家行动的兵法所提出的重要指导；然而，在继续叙述这些光荣的战役时，我们会发现一些关于革命战争在人民军队的组织和发展观念上所产生的变化、人民军队的使用以及可能对未来国家变革产生的影响的论述。军队不再是由大量人口剩余的志愿兵组成；现在，整个民族都被法律号召拿起武器，他们不是为了划定边界而战，而是为了自己的生存而战。

这种情况让我们更接近三四世纪，回想起无数民族为争夺欧洲领土而进行的战争；如果新的立法和法律不对这种武装整个民族的行为设置阻碍，那么就不可能预见这些灾难的结束。战争将成为人类有史以来最可怕的祸害，因为受过教育的国家的人口将被紧紧压迫，不是像中世纪那样与野蛮和具有彻底破坏性的民族对抗，而是为了维护政治平衡的可悲战斗，最终在本世纪末发现一个地区的统治者将从巴黎、圣彼得堡或维也纳派来，尽管他将几乎按照以前的法律和习俗来治理这个地区。现在是时候让各国政府回到崇高的思想上了，是时候为了最重要的和平利益而抛洒人类的鲜血了。

评注：

　　实现战略目标的手段，有时甚至是目标本身，可能是不道德的（如开发和使用大规模杀伤性武器），但战略不能是不诚实的。战略家的道德监管者和战略的道德特征共同决定了战略结果对社会的道德美德程度。如果不严格遵守真正的道德原则，那么在战略完全实施之前，随着社会向新的道德成熟度过渡，战略成果就可能在道德上过时。

　　战略家必须对那些因实施他授权的战略而受到影响的人负责。在战略中，权力和正直并不是相互排斥的特征。因此，在全球和国家价值观相互依存、全球社会与独立国家共同发展的现代世界，制胜战略必须是强有力的、诚实的和道德的。

——弗拉基米尔·昆特

假如要把这些对真正的欧洲人来说合适的愿望与关于永久和平的美妙梦想相提并论的话，我们将看到小小的激情和私利更加残酷地激发启蒙时代的民族相互残杀，比野蛮人更毫不留情。我们将看到那些学识创造的美术和文明成果，使外交歧途纷呈，也成为人类纷争的源头。

除本章第九条外，作者还向近卫军参谋长西皮亚金副将提交了建议，迄今尚未发表：

在开阔地势的防御战中，可以利用方阵（列阵部队），将营连结成方块形，将两侧的阵线加倍，排成四纵深。这样，每个营都有足够的兵力，其阵型将由40至50行组成。

评注：

当战略家和地区领导人平衡国家优先事项和地区条件时，有必要考虑该地区的竞争优势。这是资源评估的首要任务。如果优先事项没有竞争优势的支持，战略家应该评估科技进步并进行资源分析，以创造所需的竞争优势。它们不会永远持续下去。熟悉对手竞争优势的战略家可以通过实施更有效的解决方案来消除这些优势。

——弗拉基米尔·昆特

这种部署可能有利于防范大规模骑兵进攻，因为它可以同时保证步兵和炮兵的安全。但由于它的机动性不如纵队布置，而且会削弱打击力，所以看来后者应该是首选。但因为训练有素的部队可以很容易地在每个营中建立成方阵，只需将师纵队的左右两侧转向中央即可。将军的作战计划、地理位置和部队的兵力可决定这两个命令中的哪一个优先。

评注：

没有战术的战略是不会成功的，这主要是由于时间因素。即使在最好的情况下，战略的实施也会比较缓慢，降低战略的有效性，使竞争者和对手能够实施反制措施。没有战略的战术，很可能会使完全以战术为指导的战略家走向灾难，或丧失竞争力和战略优势。

——弗拉基米尔·昆特

图书在版编目(CIP)数据

追溯战略理论的起源 /(俄罗斯)弗拉基米尔·昆特著;阿依沙乌列·阿布德玛勒克,江玲译. -- 上海:上海大学出版社, 2025.5. -- ISBN 978-7-5671-5273-1

Ⅰ. F110

中国国家版本馆 CIP 数据核字第 202598QR57 号

责任编辑　王　聪
封面设计　倪天辰
技术编辑　金　鑫　钱宇坤

追溯战略理论的起源

［俄］弗拉基米尔·昆特　著
阿依沙乌列·阿布德玛勒克,江玲　译
上海大学出版社出版发行
(上海市上大路99号　邮政编码200444)
(https://www.shupress.cn　发行热线 021-66135112)
出版人　余　洋
＊
南京展望文化发展有限公司排版
上海新艺印刷有限公司印刷　各地新华书店经销
开本889mm×1194mm　1/20　印张3　字数43千
2025年5月第1版　2025年5月第1次印刷
ISBN 978-7-5671-5273-1/F·261　定价　88.00元

版权所有　侵权必究
如发现本书有印装质量问题请与印刷厂质量科联系
联系电话: 021-56683339